Impressum
Verlag: BABADADA GmbH, Nedderfeld 112 , 22529 Hamburg
Geschäftsführer / Verlagsleitung: Harald Hof
Druck: Books on Demand GmbH, In de Tarpen 42, 22848 Norderstedt

Imprint
Publisher: BABADADA GmbH, Nedderfeld 112 , 22529 Hamburg, Germany
Managing Director / Publishing direction: Harald Hof
Print: Books on Demand GmbH, In de Tarpen 42, 22848 Norderstedt, Germany

Szkoła
de School

Sala lekcyjna
de Klassenstuuv

dzielić
delen

186/2

Tablica
de Tafel

Dziedziniec szkolny
de Schoolhoff

Nauczyciel
de Schoolmeester

Papier
dat Papeer

pisać
schrieven

Pisak
de Sticken

Biurko
de Schrievdisch

Liniał
dat Lienholt

Książka
dat Book

Uczeń
de Schöler

Plecak szkolny
de Ranzel

Piórnik
de Feddermapp

Ołówek
de Bleesticken

Temperówka
de Scharpmaker

Gumka do mazania
dat Radeergummi

Blok rysunkowy
de Tekenblock

Rysunek

de Teken

Pędzel

de Pinsel

Pudełko z akwarelami

de Malkassen

Nożyce

de Scheer

Klej

de Klever

Książka do ćwiczenia

dat Heft to'n Öven

Zadanie domowe

de Huusopgaav

12

Liczba

de Tall

2+2

dodawać

tohooptellen

5-2

odejmować

aftrecken

2×2

mnożyć

malnehmen

liczyć

reken

A

Litera

de Bookstaav

ABCDEFG HIJKLMN OPQRSTU VWXYZ

Alfabet

dat ABC

hello

Słowo

dat Woort

Tekst

de Text

czytać

lesen

Kreda

de Kried

Godzina

de Stunn

Dziennik lekcyjny

dat Klassenbook

Egzamin

de Pröven

Świadectwo

dat Tüügnis

Mundurek szkolny

de Schooluniform

Wykształcenie

de Utbillen

Leksykon

dat Nakleksel

Uniwersytet

do Universität

Mikroskop

dat Mikroskop

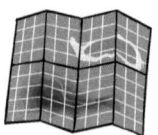

Mapa

de Koort

Kosz na odpadki

de Papeerkorf

Podróż
de Törn

Hotel
dat Hotel
Grand
Schronisko
de Harbarg
ROOMS
Kantor wymiany walut
de Wesselstuuv
Walizka
de Kuffer
Auto
dat Auto

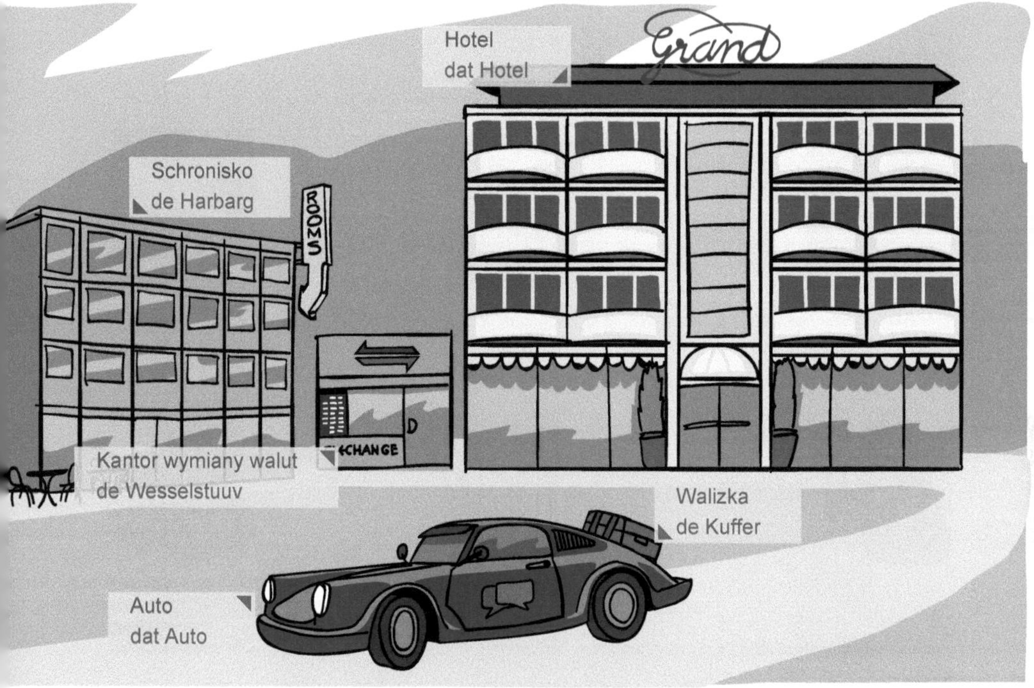

Język
de Spraak

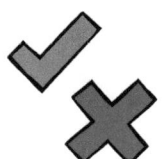

tak / nie
jo / ne

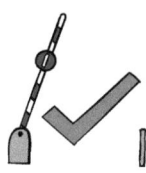

OK
Jo

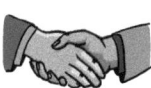

Halo
Moin

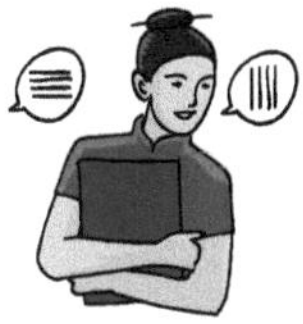

Tłumacz
de Översetter

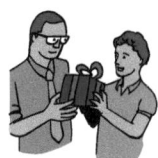

Dziękuję
Dank ok

Ile kosztuje ...?

Wat kost...?

Nie rozumiem

Ik verstah nich

Problem

dat Problem

Dobry wieczór!

Goden Avend

Dzień dobry!

Moin!

Dobranoc!

Gode Nacht!

Do widzenia

Tschüüs

Kierunek

de Richt

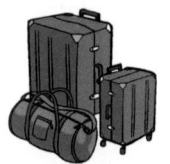

Bagaż

de Bagaasch

Torba

de Tasch

Plecak

do Rüchsack

Gość

de Gast

Pokój

de Stuuv

Śpiwór

de Slaapsack

Namiot

dat Telt

Informacja turystyczna

de Touristeninformatschoon

Plaża

de Strand

Karta kredytowa

de Kreditkoort

Śniadanie

dat Fröhstück

Obiad

dat Meddageten

Kolacja

dat Avendeten

Bilet

de Fohrkort

Winda

de Fohrstohl

Znaczek na list

de Breefmark

Granica

de Grenz

Cło

de Toll

Ambasada

de Bottschop

Wiza

dat Visum

Paszport

de Pass

Transport

de Transport

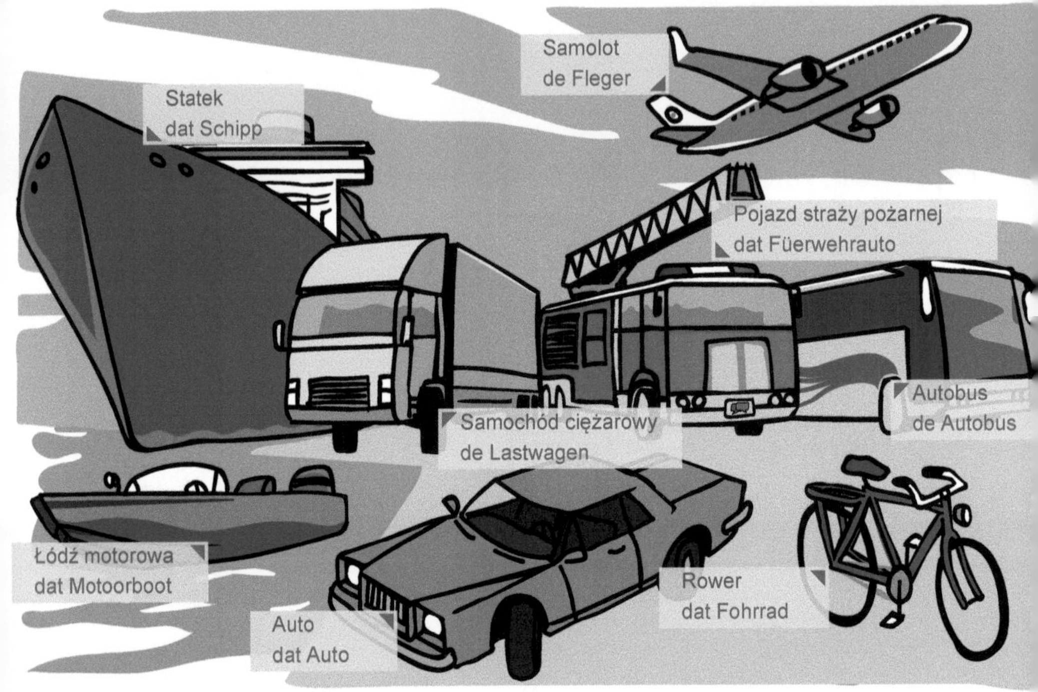
Samolot
de Fleger
Statek
dat Schipp
Pojazd straży pożarnej
dat Füerwehrauto
Autobus
de Autobus
Samochód ciężarowy
de Lastwagen
Łódź motorowa
dat Motoorboot
Rower
dat Fohrrad
Auto
dat Auto

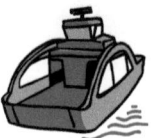

Prom

de Fähr

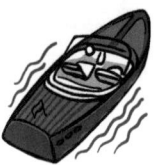

Łódź

dat Boot

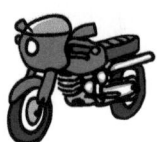

Motocykl

dat Motoorrad

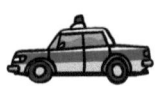

Radiowóz policyjny

dat Polizeiauto

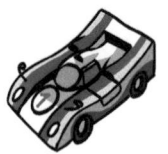

Samochód wyścigowy

dat Rönnauto

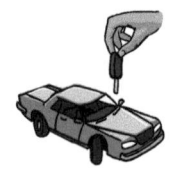

Samochód wypożyczony

de Lehnwagen

Wspólne przejazdy
samochodem
dat Carsharing

Samochód pomocy
drogowej
de Afsleepwagen

Śmieciarka
....
dat Müllauto

Silnik
....
de Motoor

Benzyna
....
de Kraftstoff

Stacja benzynowa
....
de Tanksteed

Znak drogowy
....
dat Verkehrsschild

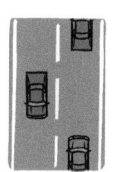

Ruch
....
de Verkehr

Korek
....
de Stau

Parking
....
de Afstellplatz

Dworzec
....
de Bahnhoff

Szyny
....
de Sporen

Pociąg
....
de Tog

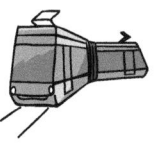

Tramwaj
....
de Stratenbahn

Wagon
....
de Wagon

Helikopter
de Dwarsmöhl

Lotnisko
de Flooghaven

Wieża
de Tower

Pasażer
de Fohrgast

Kontener
de Grootkist

Karton
de Karton

Taczka
de Koor

Kosz
de Korf

startować / lądować
starten / lannen

Miasto
de Stadt

Wieś
dat Dörp

Centrum miasta
de Binnenstadt

Dom
dat Huus

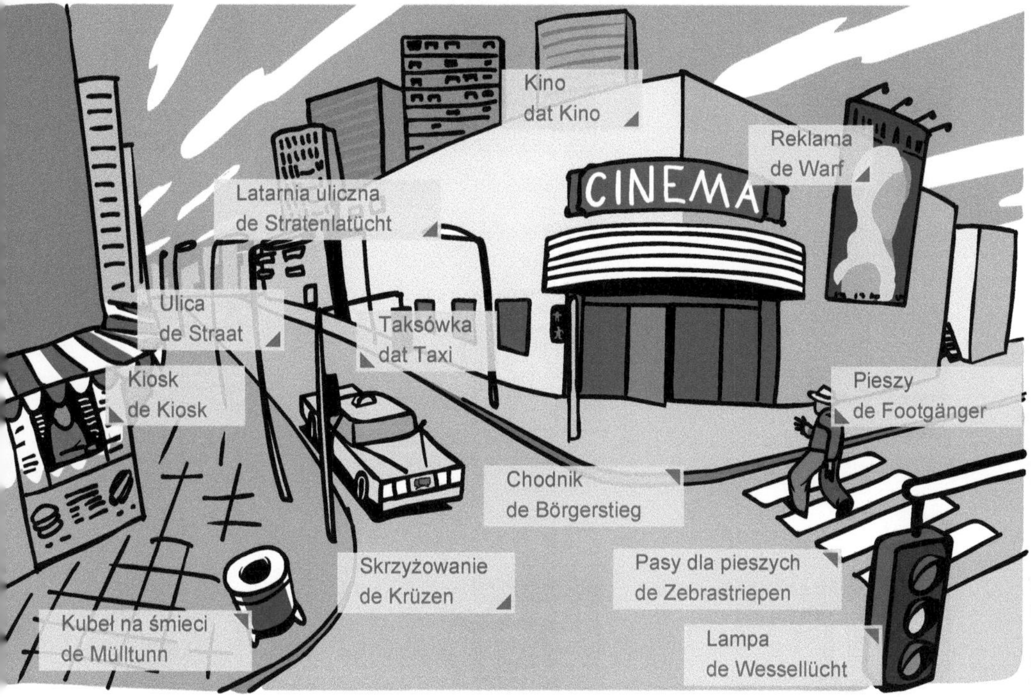

Kino
dat Kino

Reklama
de Warf

Latarnia uliczna
de Stratenlatücht

CINEMA

Ulica
de Straat

Taksówka
dat Taxi

Pieszy
de Footgänger

Kiosk
de Kiosk

Chodnik
de Börgerstieg

Skrzyżowanie
de Krüzen

Pasy dla pieszych
de Zebrastriepen

Kubeł na śmieci
de Mülltunn

Lampa
de Wessellücht

Chata
de Hütt

Mieszkanie
de Wahnung

Dworzec
de Bahnhoff

Ratusz
dat Raathuus

Muzeum
dat Museum

Szkoła
de School

Uniwersytet

de Universität

Bank

de Bank

Szpital

dat Krankenhuus

Hotel

dat Hotel

Apteka

de Afteek

Biuro

dat Büro

Księgarnia

de Bookhökerie

Sklep

de Hökerie

Kwiaciarnia

de Blomenhökerie

Supermarket

de Supermarkt

Rynek

de Markt

Dom towarowy

dat Koophuus

Sklep z rybami

de Fischhökerie

Centrum handlowe

dat Inkoopszentrum

Port

de Haven

Park

de Parkanlaag

Ławka

de Bank

Most

de Brüch

Schody

de Trepp

Metro

de Ünnergrundbahn

Tunel

de Tunnel

Przystanek autobusowy

de Busstoppsteed

Bar

de Bar

Restauracja

dat Spieslokal

Skrzynka na listy

de Breefkassen

Tabliczka z nazwą ulicy

dat Stratenschild

Parkometr

de Parkklock

Zoo

de Deertenpark

Łaźnia

de Baadanstalt

Meczet

de Moschee

Gospodarstwo chłopskie
de Buernhoff

Zanieczyszczenie środowiska
de Ümweltversmudden

Cmentarz
de Karkhoff

Kościół
de Kark

Plac zabaw
de Speelplatz

Świątynia
de Tempel

Krajobraz
de Landschop

Liść
dat Blatt

Drogowskaz
de Wiespahl

Droga
de Weg

Łąka
de Wisch

Kamień
de Steen

Drzewo
de Boom

Wędrowiec
de Wannerer

Rzeka
de Fluss

Trawa
dat Gras

Kwiat
de Bloom

Dolina

dat Daal

Góra

de Barg

Jezioro

de See

Las

dat Holt

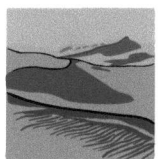

Pustynia

de Wööst

Wulkan

de Füerspien Barg

Zamek

dat Slott

Tęcza

de Regenbagen

Grzyb

de Poggenstohl

Palma

de Palm

Komar

de Steekmück

Mucha

de Fleeg

Mrówka

de Miegeemk

Pszczoła

de Imm

Pająk

de Spinn

Chrząszcz
de Sebber

Żaba
de Pogg

Wiewiórka
de Katteker

Jeż
de Swienegel

Zając
de Haas

Sowa
de Uul

Ptak
de Vagel

Łabędź
de Swaan

Dzik
dat Wildswien

Jeleń
de Hirsch

Łoś
de Elk

Tama
de Staudamm

Wiatrak
dat Windrad

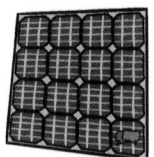

Moduł solarny
dat Solarmodul

Klimat
dat Klima

Restauracja
dat Spieslokal

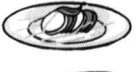

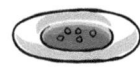

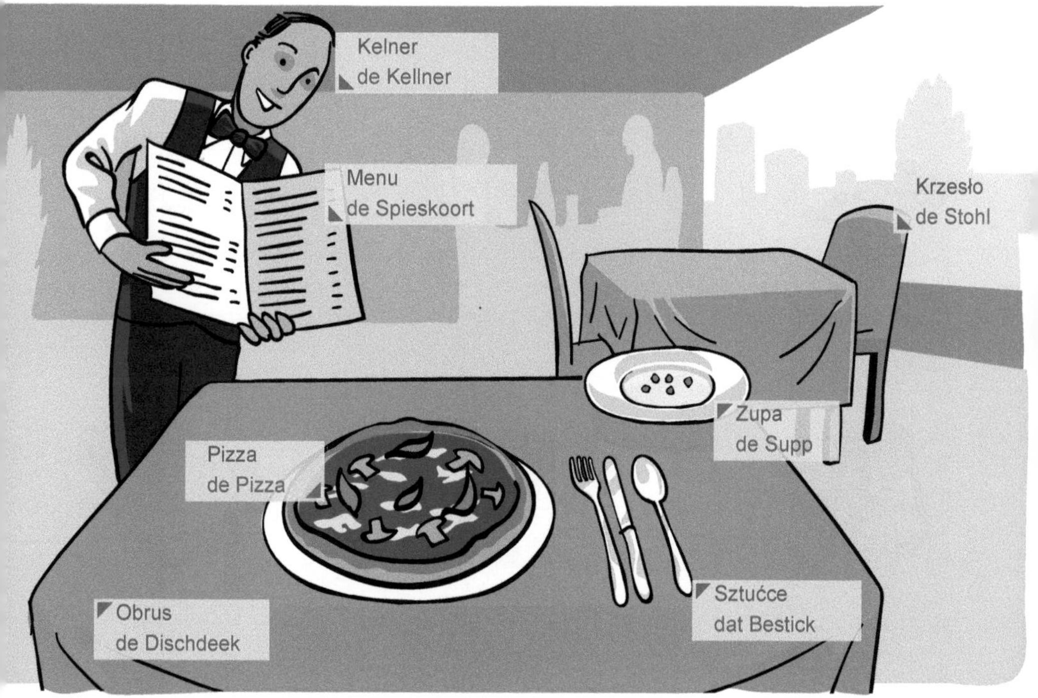
Kelner
de Kellner
Menu
de Spieskoort
Krzesło
de Stohl
Zupa
de Supp
Pizza
de Pizza
Sztućce
dat Bestick
Obrus
de Dischdeek

Przystawka
de Vörspies

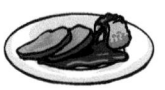

Danie główne
dat Haupteten

Deser
de Nadisch

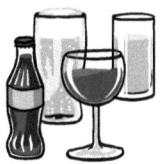

Napoje
de Drünk

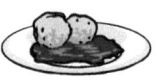

Jedzenie
dat Eten

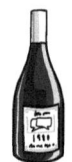

Butelka
de Buddel

Fastfood

dat Fastfood

Streetfood

dat Strateneten

Dzbanek na herbatę

de Teekann

Cukierniczka

de Zuckerdoos

Porcja

de Portschoon

Zaparzarka do espresso

de Espressomaschien

Krzesło dla dziecka

de Hoochstohl

Rachunek

de Reken

Taca

dat Tablett

Noż

dat Mess

Widelec

de Gavel

Łyżka

de Lepel

Łyżeczka

de Teelepel

Serwetka

dat Munddook

Szklanka

dat Glas

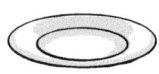

Talerz

de Töller

Talerz do zupy

de Suppentöller

Podstawek pod filiżankę

de Ünnertass

Sos

de Sooß

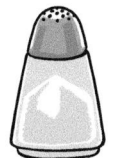

Solniczka

de Soltstreuer

Młynek do pieprzu

de Pepermöhl

Ocet

de Etig

Olej

dat Ööl

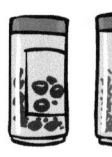

Przyprawy

de Krüder

Keczup

de Ketchup

Musztarda

de Mostrich

Majonez

de Mayonnaise

Supermarket
de Supermarkt

Oferta
dat Anbott
FOR
Klient
de Kunn
Produkty mleczne
de Melkprodukten
Owoce
dat Aaft
Wózek sklepowy
de Inkoopswagen

BUTCHERS

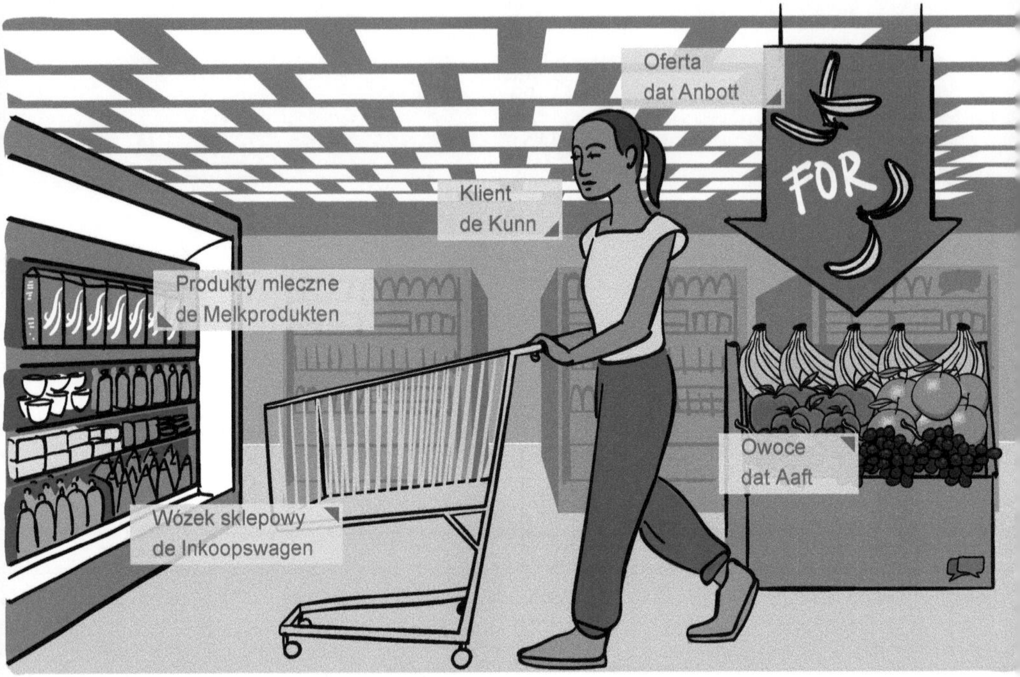

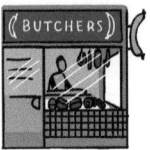

Rzeźnia

de Slachterie

BAKERY

Piekarnia

de Bäckerie

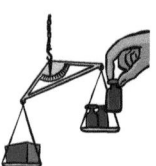

ważyć

wegen

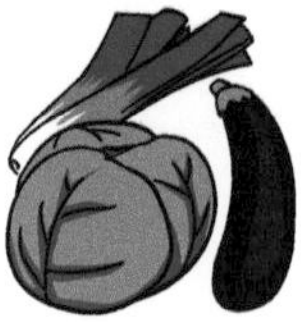

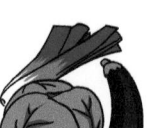

Warzywa

de Gröönsaken

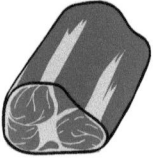

Mięso

dat Fleesch

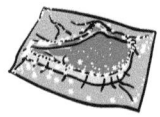

Mrożonki

de Deepköhlkost

Wędliny

de Opsnitt

Konserwy

de Konserven

Proszek m do prania

de Waschmiddel

Słodycze

de Snoopkraam

Artykuły użytku domowego

de Huushooltssaken

Środek czyszczący

de Reinmaaktüüch

Sprzedawczyni

de Verköpersche

Kasa

de Kass

Kasjer

de Kasserer

Lista zakupów

de Inkoopslist

Godziny otwarcia

de Opsparrtieden

Portfel

de Breeftasch

Karta kredytowa

de Kreditkoort

Torba

de Tasch

Torebka plastikowa

de Plastiktüüt

Woda

dat Water

Sok

de Saft

Mleko

de Melk

Cola

de Cola

Wino

de Wien

Piwo

dat Beer

Alkohol

de Spriet

Kakao

de Kakao

Herbata

de Tee

Kawa

de Koffie

Espresso

de Espresso

Cappuccino

de Cappucino

Banan

de Banaan

Jabłko

de Appel

Pomarańcza

de Appelsien

Arbuz

de Meloon

Cytryna

de Zitroon

Marchew

de Wöttel

Czosnek

de Knuuvlook

Bambus

de Bambus

Cebula

de Zibbel

Grzyb

de Poggenstohl

Orzechy

de Nööt

Makaron

de Nudeln

Spaghetti

de Spaghetti

Ryż

de Ries

Sałatka

de Salat

Frytki

de Pommes frites

Ziemniaki pieczone

de Braadkantüffeln

Pizza

de Pizza

Hamburger

de Hamborger

Kanapka

dat Sandwich

Sznycel

dat Snitzel

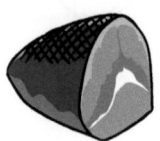

Szynka

de Schinken

Salami

do Salami

Kiełbasa

de Wust

Kura

dat Hohn

Pieczeń

de Braden

Ryba

de Fisch

Płatki owsiane

de Haverflocken

Musli

dat Müsli

Płatki kukurydziane

de Cornflakes

Mąka

dat Mehl

Croissant

de Croissant

Bułka

dat Rundstück

Chleb

dat Broot

Toast

dat Toast

Ciastka

de Keksen

Masło

de Botter

Twarożek

de Quark

Ciasto

de Koken

Jajko

dat Ei

Jajko sadzone

dat Spegelei

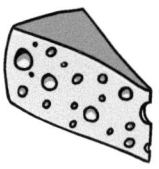

Ser

de Kees

Lody

de les

Cukier

de Zucker

Miód

de Honnig

Marmolada

de Marmelaad

Krem nugatowy

de Nougat-Creme

Curry

dat Curry

Gospodarstwo chłopskie

de Buernhoff

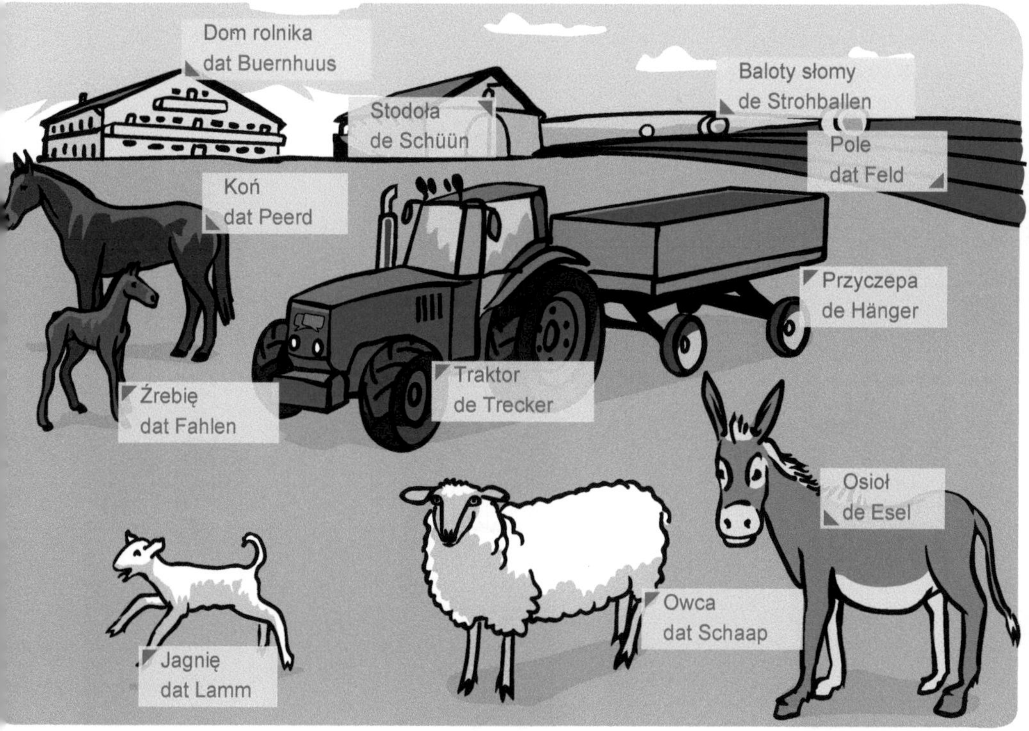
Dom rolnika
dat Buernhuus
Stodoła
de Schüün
Baloty słomy
de Strohballen
Pole
dat Feld
Koń
dat Peerd
Przyczepa
de Hänger
Traktor
de Trecker
Źrebię
dat Fahlen
Osioł
de Esel
Owca
dat Schaap
Jagnię
dat Lamm

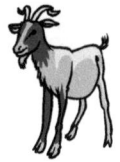

Koza

de Zeeg

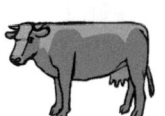

Krowa

de Koh

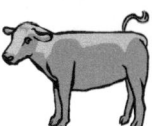

Cielę

dat Kalf

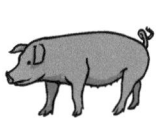

Świnia

dat Swien

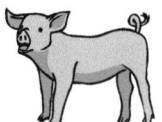

Prosię

dat Farken

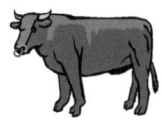

Byk

de Bull

Gęś

de Goos

Kaczka

de Aant

Kurczątko

dat Küken

Kura

dat Hohn

Kogut

de Hahn

Szczur

de Rott

Kot

de Katt

Mysz

de Muus

Osioł

de Oss

Pies

de Hund

Buda dla psa

de Hunnenhütt

Wąż ogrodowy

de Goornslauch

Konewka

de Geetkann

Kosa

de Lee

Pług

de Ploog

Sierp

de Sich

Graca

de Hack

Widły

de Mestfork

Siekiera

de Ext

Taczka

de Schuufkoor

Koryto

de Trog

Kanka na mleko

de Melkkann

Worek

de Sack

Płot

de Tuun

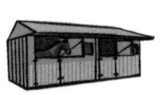

Stajnia

de Stall

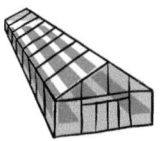

Szklarnia

dat Drievhuus

Ziemia

de Bodden

Nasiona

de Saat

Nawóz

de Dünger

Kombajn zbożowy

de Meihdöscher

zbierać

oornen

Żniwa

de Oorn

Podchrzyn

de Yamswöttel

Pszenica

de Weten

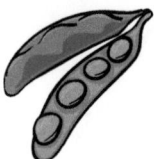

Soja

dat Soja

Ziemniak

de Kantüffel

Kukurydza

de Törksche Weten

Rzepak

de Rapp

Drzewo owocowe

de Aaftboom

Maniok

de Troopsch Kantüffel

Zboże

dat Koorn

Dom
dat Huus

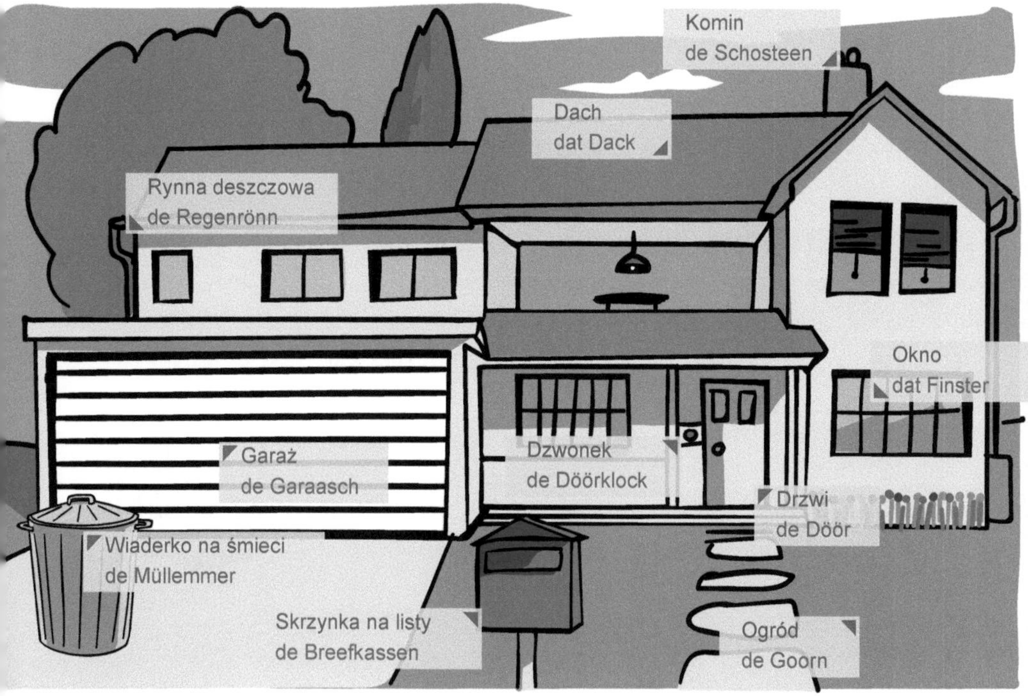

Komin
de Schosteen

Dach
dat Dack

Rynna deszczowa
de Regenrönn

Okno
dat Finster

Garaż
de Garaasch

Dzwonek
de Döörklock

Drzwi
de Döör

Wiaderko na śmieci
de Müllemmer

Skrzynka na listy
de Breefkassen

Ogród
de Goorn

Pokój dzienny
de Wahnstuuv

Łazienka
de Baadstuuv

Kuchnia
de Köök

Sypialnia
de Slaapstuuv

Pokój dziecięcy
de Kinnerstuuv

Jadalnia
de Eetstuuv

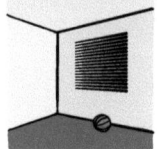

Ziemia

de Footbodden

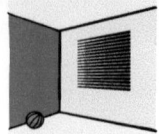

Ściana

de Wand

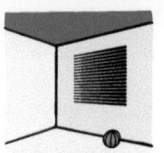

Koc

de Deek

Piwnica

de Keller

Sauna

dat Hittluftbad

Balkon

de Balkon

Taras

de Terrass

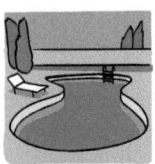

Basen

dat Swümmbad

Kosiarka do trawy

de Rasenmeiher

Poszwa

de Bettbetög

Kołdra

de Dettdeek

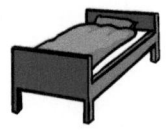

Łóżko

de Puuch

Miotła

de Bessen

Wiadro

de Emmer

Włącznik

de Schalter

Pokój dzienny
de Wahnstuuv

Tapeta
de Tapeet
Obraz
dat Bild
Lampa
de Lamp
Regał
dat Regal
Szafa
dat Schapp
Telewizor
de Kiekkassen
Komin
de Kamin
Kwiat
de Bloom
Poduszka
dat Küssen
Kanapa
dat Sofa
Wazon
de Vaas
Pilot
de Feernbedenen

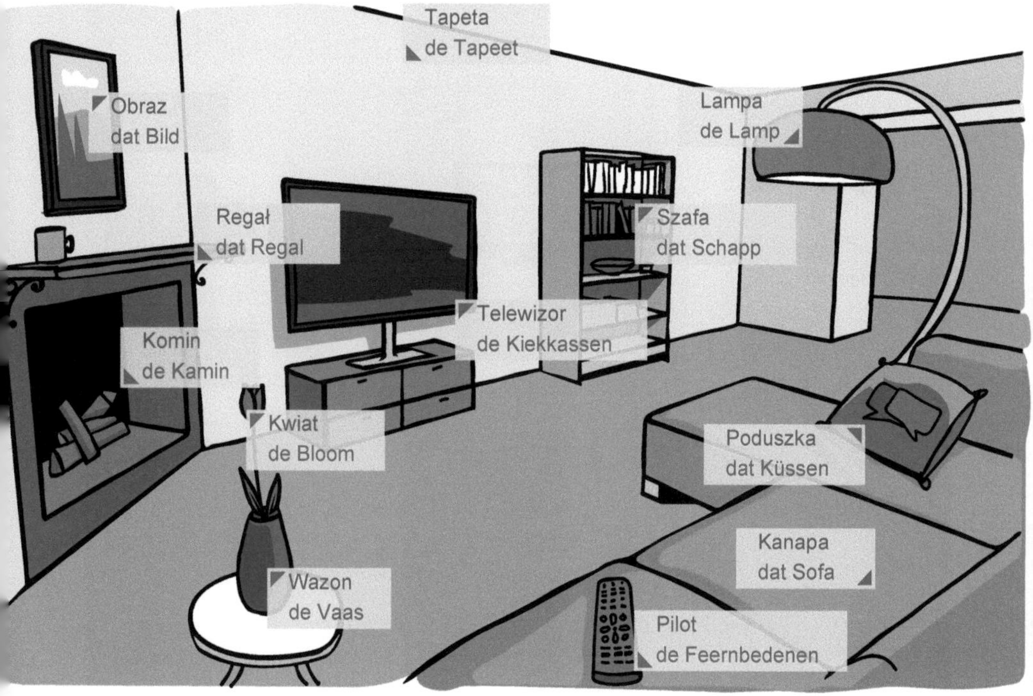

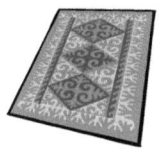

Dywan

de Teppich

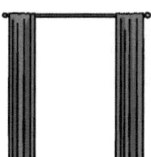

Zasłona

de Vörhang

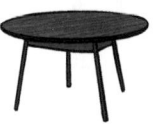

Stół

de Disch

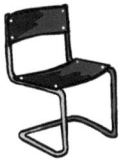

Krzesło

de Stohl

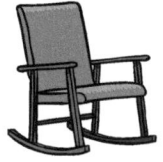

Bujak

de Schuckelstohl

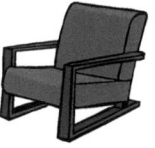

Fotel

de Sessel

Książka

dat Book

Sufit

de Deek

Dekoracja

de Dekoratschoon

Drewno kominkowe

dat Füerholt

Film

de Film

Instalacja stereo

de Stereoanlaag

Klucz

de Slötel

Gazeta

dat Narichtenblatt

Malunek

dat Gemälde

Plakat

dat Poster

Radio

dat Radio

Notatnik

de Opschrievblock

Odkurzacz

de Huulbessen

Kaktus

de Kaktus

Świeczka

de Kars

Kuchnia
de Köök

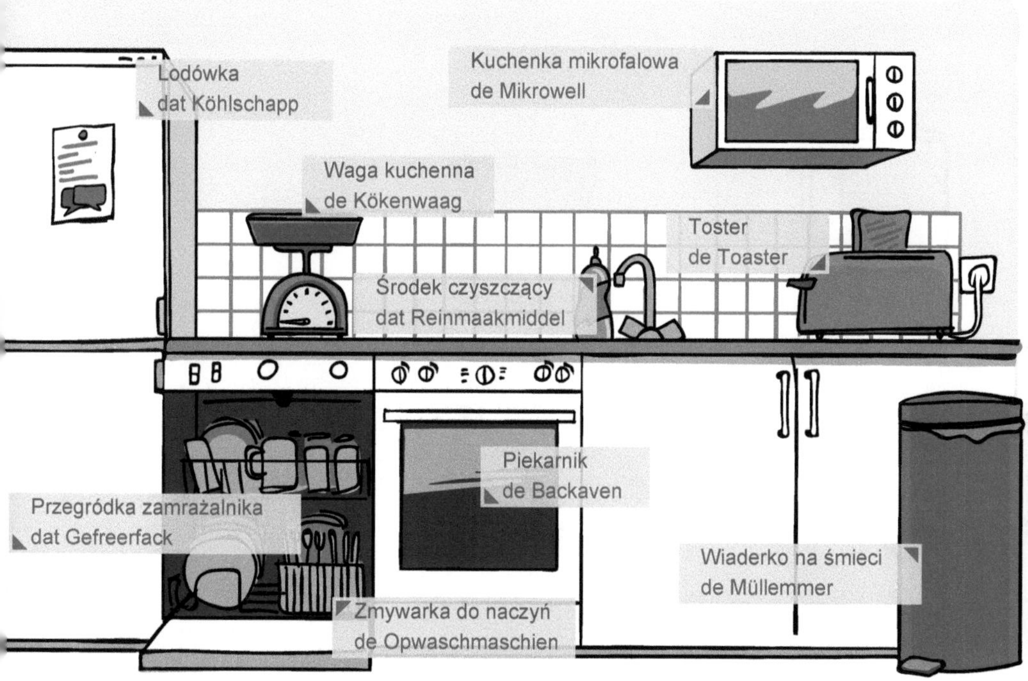
Lodówka
dat Köhlschapp
Kuchenka mikrofalowa
de Mikrowell
Waga kuchenna
de Kökenwaag
Toster
de Toaster
Środek czyszczący
dat Reinmaakmiddel
Piekarnik
de Backaven
Przegródka zamrażalnika
dat Gefreerfack
Wiaderko na śmieci
de Müllemmer
Zmywarka do naczyń
de Opwaschmaschien

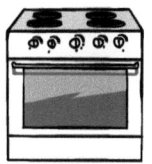

Kuchenka
....
de Heerd

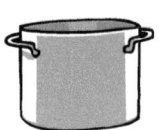

Garnek
....
de Pott

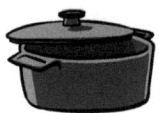

Kocioł żeliwny
....
de Gussiesern Putt

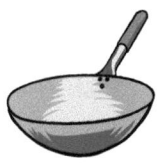

Wok / Kadai
....
de Wok / Kadai

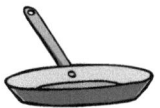

Patelnia
....
de Pann

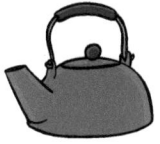

Czajnik
....
de Waterkaker

Parowar

de Dampkaakputt

Blacha do pieczenia

dat Backblick

Naczynia kuchenne

dat Geschirr

Kubek

de Beker

Miska

de Schaal

Pałeczki

de Eetsticken

Nabierka

de Suppenkell

Łopatka do smażenia

de Pannenwenner

Trzepaczka do śmietany

de Sneebessen

Cedzak

dat Kaakseef

Sitko

dat Seef

Tarka

de Riev

Moździerz

de Mörser

Grillowanie

de Grill

Palenisko

de Füerstell

Deska

dat Sniedbrett

Wałek do ciasta

dat Nudelholt

Korkociąg

de Proppentrecker

Puszka

de Doos

Otwieracz do puszek

de Dosenaapner

Ściereczka do trzymania garnka

de Pottlappen

Umywalka

dat Waschbecken

Szczotka

de Böst

Gąbka

de Swamm

Mikser

de Mixer

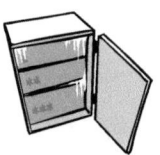

Zamrażarka

dat Iesschapp

Butelka dla niemowlęcia

de Nuckelbuddel

Kran

de Waterhahn

Łazienka

de Baadstuuv

Ogrzewanie
de Heizung
Ręcznik
dat Handdook
Prysznic
de Bruus
Kotara prysznicowa
de Bruusvörhang
Płyn do kąpieli
dat Schuumbad
Wanna kąpielowa
de Baadwann
Szklanka
dat Glas
Pralka
de Waschmaschien
Kran
de Waterhahn
Kafelki
de Fliesen
Nocnik
de lütte Putt
Umywalka
dat Waschbecken

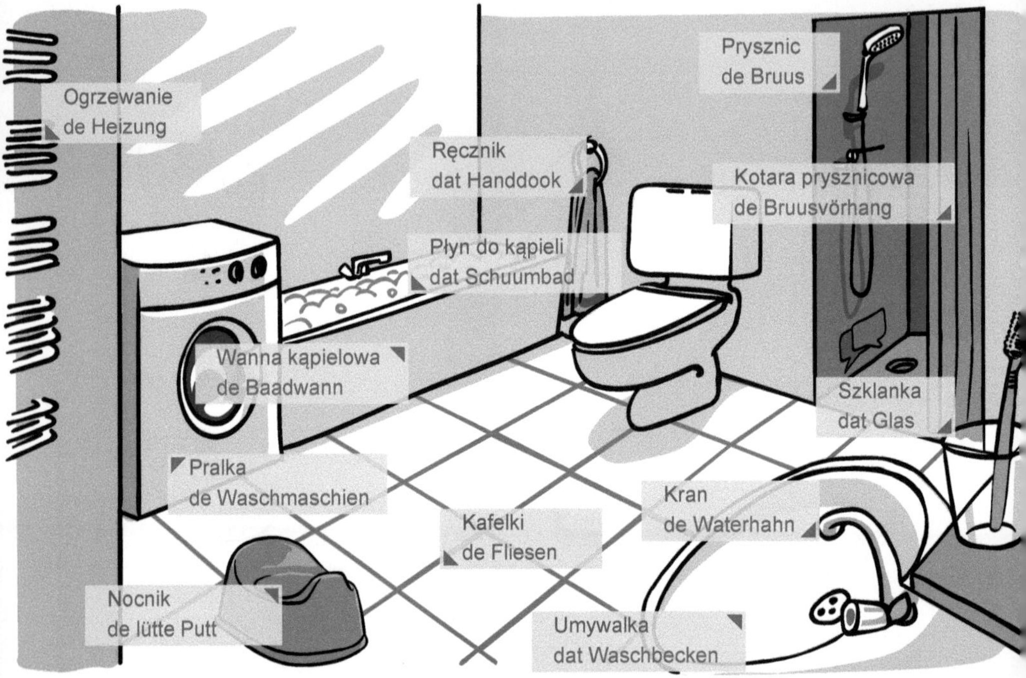

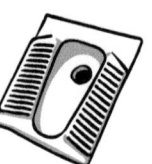

Toaleta

de Tante Meier

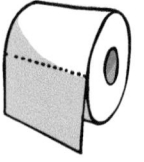

Toaleta kuczna

de Hockklo

Bidet

dat Bidet

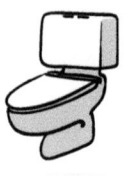

Pisuar

dat Miegbecken

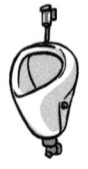

Papier toaletowy

dat Klopapeer

Szczotka toaletowa

de Klobôst

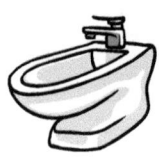

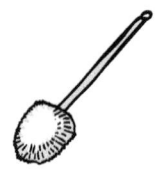

Szczoteczka do zębów

de Tähnböst

Pasta do zębów

de Tähnpast

Nitki do czyszczenia zębów

de Tähnsied

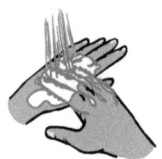

myć

waschen

Głowica prysznicowa

de Handbruus

Płyn kąpielowy do higieny intymnej

de Intimbruus

Miska do mycia

de Waschschöttel

Szczotka kąpielowa

de Rüchböst

Mydło

de Seep

Żel prysznicowy

dat Bruusgeel

Szampon

dat Hoorwaschmiddel

Rękawica kąpielowa

de Waschlappen

Odpływ

de Afloop

Krem

de Creme

Dezodorant

dat Deodorant

Lustro

de Spegel

Lustro kosmetyczne

de Kosmetikspegel

Golarka

de Raserer

Pianka do golenia

de Raseerschuum

Woda po goleniu

dat Raseerwater

Grzebień

de Kamm

Szczotka

de Böst

Suszarka do włosów

de Hoordröger

Spray do włosów

dat Hoorspray

Makijaż

de Smink

Pomadka

de Lippensticken

Lakier do paznokci

de Nagellack

Wata

de Watt

Nożyczki do paznokci

de Nagelscheer

Perfum

dat Rüükwater

Kosmetyczka

de Kulturbüdel

Taboret

de Schemel

Waga

de Waag

Szlafrok kąpielowy

de Baadmantel

Rękawice gumowe

de Gummihanschen

Tampon

de Tampon

Podpaska damska

de Damenbinn

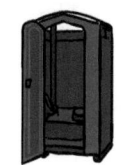

Toaleta chemiczna

dat Chemieklo

Pokój dziecięcy
de Kinnerstuuv

Budzik
de Wecker
Pluszowa przytulanka
dat Knudeldeert
Samochodzik
dat Speeltüüchauto
Grzechotka
de Klöter
Domek dla lalek
dat Poppenhuus
Prezent
dat Geschenk

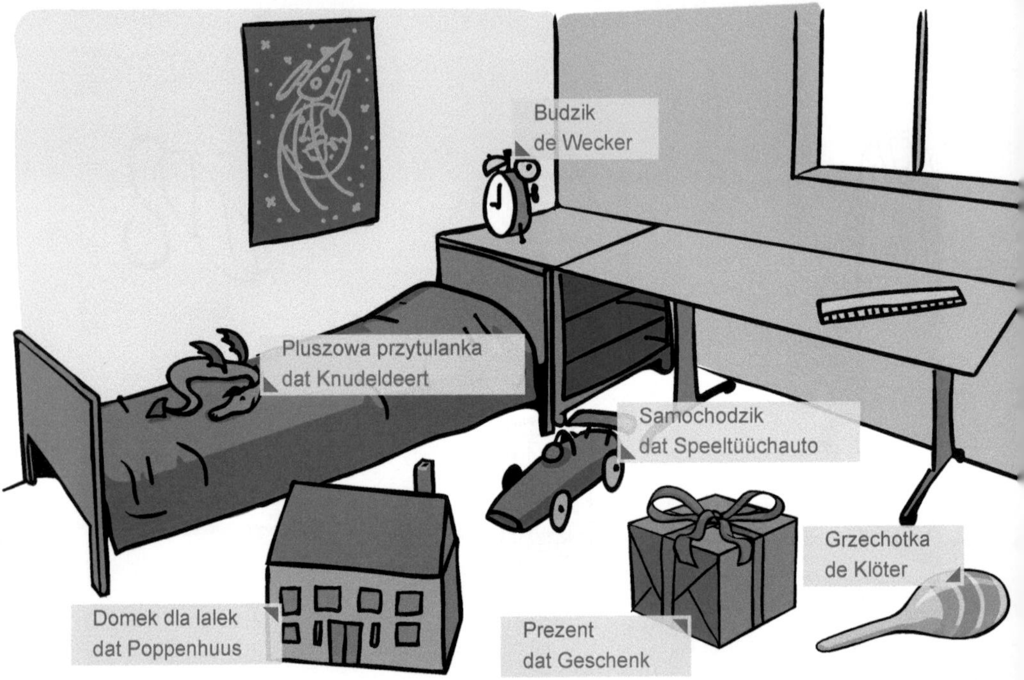

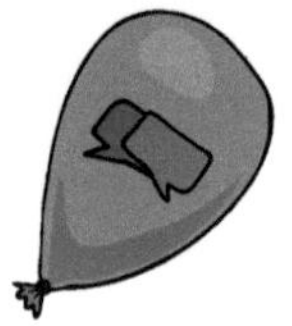

Balon

de Luftballon

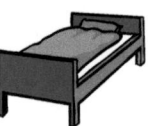

Łóżko

de Puuch

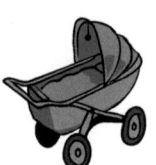

Wózek dziecięcy

de Kinnerwagen

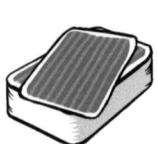

Gra w karty

dat Koortenspeel

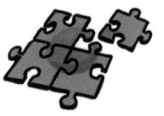

Puzzle

dat Puzzle

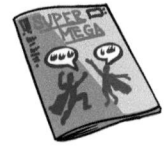

Komiks

de Billergeschicht

Klocki lego

de Legostenen

Klocki

de Bustenen

Action figura

de Action-Figur

Śpioszek dziecięcy

de Strampelantog

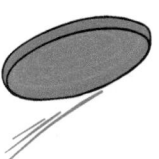

Frisbee

de Frisbeeschiev

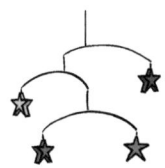

Zabawki ruchome

dat Mobile

Gra planszowa

dat Brettspeel

Kości

de Wörpel

Kolejka elektryczna

de Modelliesenbahn

Smoczek

de Snuller

Przyjęcie

de Party

Książka z ilustracjami

dat Billerbook

Piłka

de Ball

Lalka

de Popp

bawić się

spelen

Piaskownica

de Sandkassen

Huśtawka

de Schuckel

Zabawki

dat Speeltüüch

Konsola do gier

de Speelkonsool

Rowerek trójkołowy

dat Dreerad

Pluszowy miś

de Teddyboor

Szafa ubraniowa

dat Klederschapp

Ubiór

dat Tüüch

Skarpety

de Socken

Pończochy

de Strümp

Rajstopy

de Strumpbüx

Szal
dat Halsdook

Parasol
de Paraplü

T-Shirt
dat T-Shirt

Pasek
de Liefreem

Kozaki
de Stevel

Pantofle domowe
de Puuschen

Obuwie sportowe
de Turnschoh

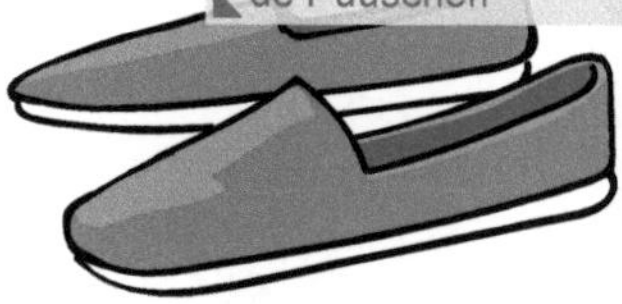

Sandały
de Sandalen

Buty
de Schoh

Kalosze
de Gummistevel

Majtki
de Ünnerbüx

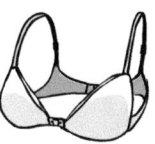

Biustonosz
de Bostholler

Podkoszulek
dat Ünnerhemd

Body

de Lief

Spodnie

de Büx

Dżins

de Jeansnüx

Spódnica

de Rock

Bluzka

de Bluus

Koszula

dat Hemd

Pulower

de Pullover

Bluza sportowa

de Kapuzenpullover

Marynarka

de Blazer

Kurtka

de Jack

Płaszcz

de Mantel

Płaszcz przeciwdeszczowy

do Övertrecker

Kostium

dat Kostüm

Sukienka

dat Kleed

Suknia ślubna

dat Hochtietskleed

Garnitur męski
....
de Antog

Koszula nocna
....
dat Nachtkleed

Piżama
....
de Slaapantog

Sari
....
de Sari

Chusta na głowę
....
dat Koppdook

Turban
....
de Turban

Burka
....
de Burka

Kaftan
....
de Kaftan

Abaya
....
de Abaya

Strój kąpielowy
....
de Baadantog

Kąpielówki
....
de Baadbüx

Krótkie spodnie
....
de Korte Büx

Dres sportowy
....
de Antog to'n Öven

Fartuch
....
de Schört

Rękawiczki
....
de Handschoh

Guzik
de Knopp

Okulary
de Brill

Bransoletka
dat Armband

Łańcuszek
de Halskeed

Pierścionek
de Ring

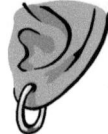

Kolczyk
de Ohrbummel

Czapka
de Mütz

Wieszak
de Klederbögel

Kapelusz
de Hoot

Krawat
de Binner

Zamek błyskawiczny
de Rietslüter

Kask
de Helm

Szelki
dat Drachtband

Mundurek szkolny
de Schooluniform

Mundur
de Uniform

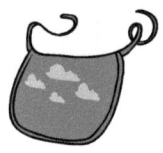

Śliniaczek

....

de Severböten

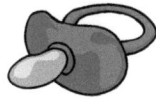

Smoczek

....

de Snuller

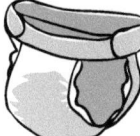

Pieluszka

....

de Winnel

Biuro
dat Büro

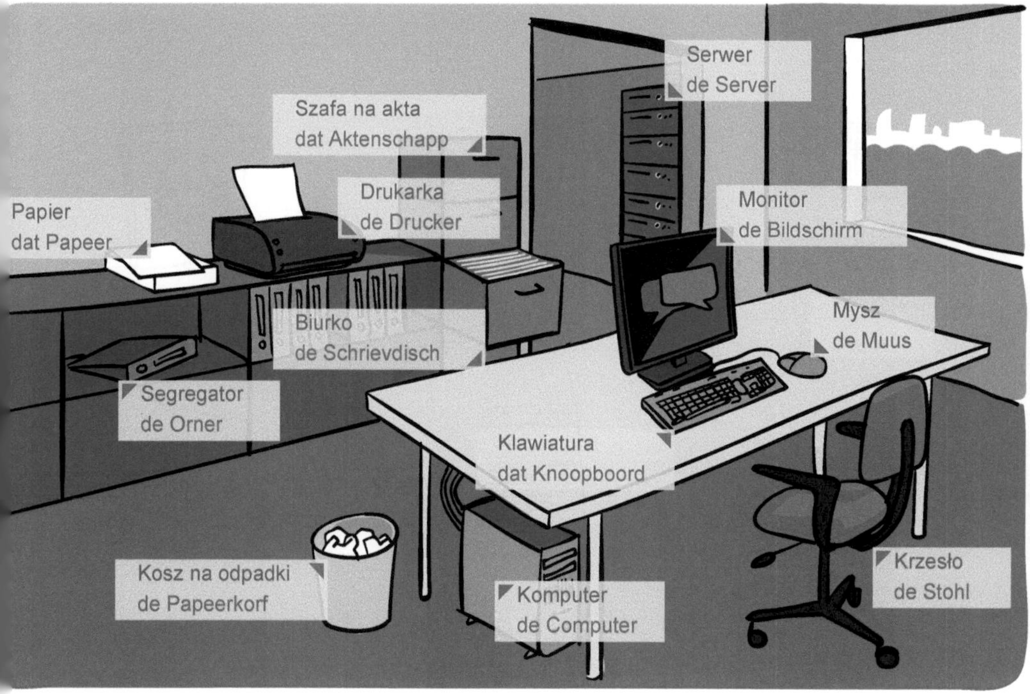
Serwer
de Server
Szafa na akta
dat Aktenschapp
Drukarka
de Drucker
Papier
dat Papeer
Monitor
de Bildschirm
Biurko
de Schrievdisch
Mysz
de Muus
Segregator
de Orner
Klawiatura
dat Knoopboord
Kosz na odpadki
de Papeerkorf
Komputer
de Computer
Krzesło
de Stohl

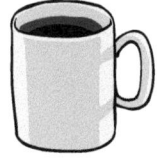

Filiżanka do kawy

....

de Koffiebeker

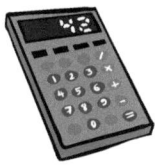

Kalkulator

....

de Taschenreekner

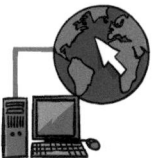

Internet

....

dat Internet

Laptop

de Klappreekner

List

de Breef

Wiadomość

de Naricht

Komórka

de Ackersnacker

Sieć

dat Nettwark

Kopiarka

de Kopeerapparat

Oprogramowanie

de Software

Telefon

de Klöönkassen

Gniazdko

de Steekdoos

Faks

de Faxapparat

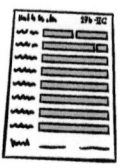

Formularz

dat Formulor

Dokument

dat Dokument

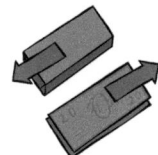

kupić
köpen

płacić
betahlen

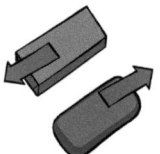

postępować
hanneln

Pieniądze
dat Geld

Dolar
de Dollar

Euro
de Euro

Jen
de Yen

Rubel
de Ruvel

Frank
de Swiezer Franken

Juan Renminbi
de Renminbi Yuan

Rupia
de Rupie

Bankomat
de Geldautomat

Kantor wymiany walut

de Wesselstuuv

Złoto

dat Gold

Srebro

dat Sülver

Olej

dat Ööl

Energia

de Energie

Cena

de Pries

Umowa

de Verdrag

Podatek

de Stüer

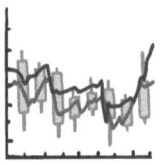

Akcja

de Andeelschien

pracować

arbeiden

Pracownik umysłowy

de Anstellte

Pracodawca

de Arbeitgever

Fabryka

de Fabrik

Sklep

de Hökerie

Zawody
de Profeschonen

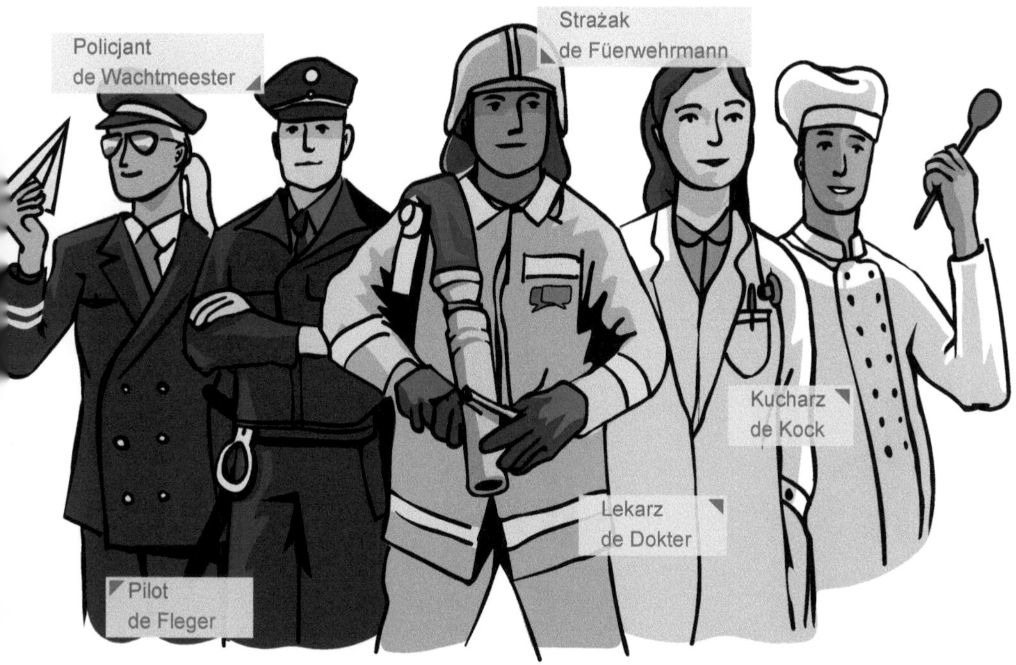
Policjant
de Wachtmeester
Strażak
de Füerwehrmann
Kucharz
de Kock
Lekarz
de Dokter
Pilot
de Fleger

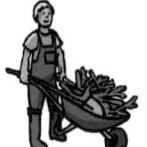

Ogrodnik

de Goorner

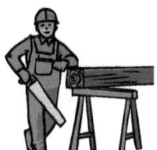

Stolarz

de Discher

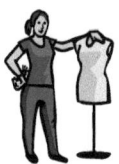

Krawcowa

de Neihersche

Sędzia

de Richter

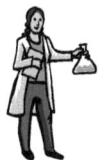

Chemik

de Chemiker

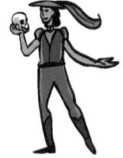

Aktor

de Schauspeler

Kierowca autobusu

de Busfohrer

Taksówkarz

de Taxifohrer

Fischer

de Fischer

Sprzątaczka

de Reinmaakfru

Dekarz

de Dackdecker

Kelner

de Kellner

Myśliwy

de Jäger

Malarz

de Maler

Piekarz

de Bäcker

Elektryk

de Elektriker

Robotnik budowlany

de Duarbeider

Inżynier

de Ingenieur

Rzeźnik

de Slachter

Instalator

de Klempner

Listonosz

de Postbüdel

Żołnierz

de Suldat

Architekt

de Architekt

Kasjer

de Kasserer

Florysta

de Florist

Fryzjer

de Putzbüdel

Konduktor

de Schaffner

Mechanik

de Mechaniker

Kapitan

de Kaptein

Dentysta

de Tähndokter

Naukowiec

de Wetenschopler

Rabin

de Rabbi

Imam

de Imam

Mnich

de Mönk

Proboszcz

de Paap

Narzędzia
dat Warktüüch

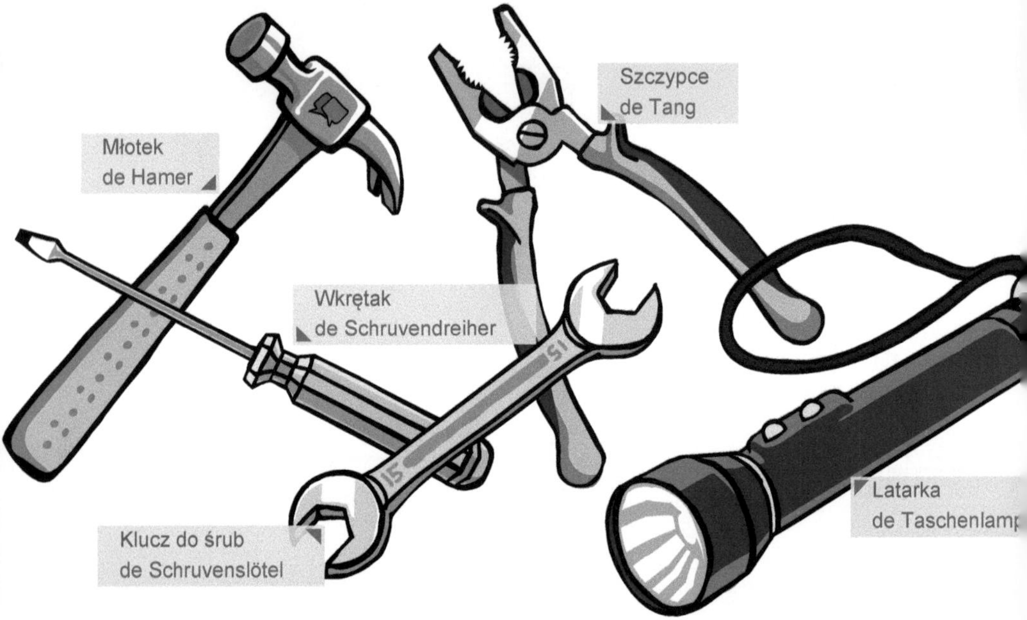
Szczypce
de Tang
Młotek
de Hamer
Wkrętak
de Schruvendreiher
Latarka
de Taschenlamp
Klucz do śrub
de Schruvenslötel

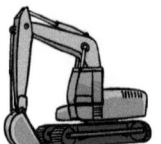

Koparka

de Grieper

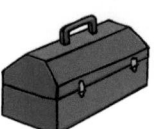

Skrzynka narzędziowa

de Warktüüchkassen

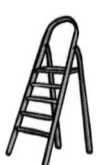

Drabina

de Ledder

Piła

de Saag

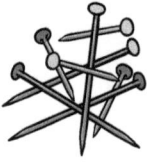

Gwoździe

de Nagels

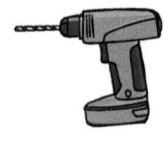

Wiertło

de Bohrer

naprawić

heelmaken

Łopatka

de Schüffel

Cholera!

Schiet!

Szufelka

dat Kehrblick

Puszka z farbą

de Farvpott

Śruby

de Schruven

Instrumenty muzyczne
de Musikinstrumenten

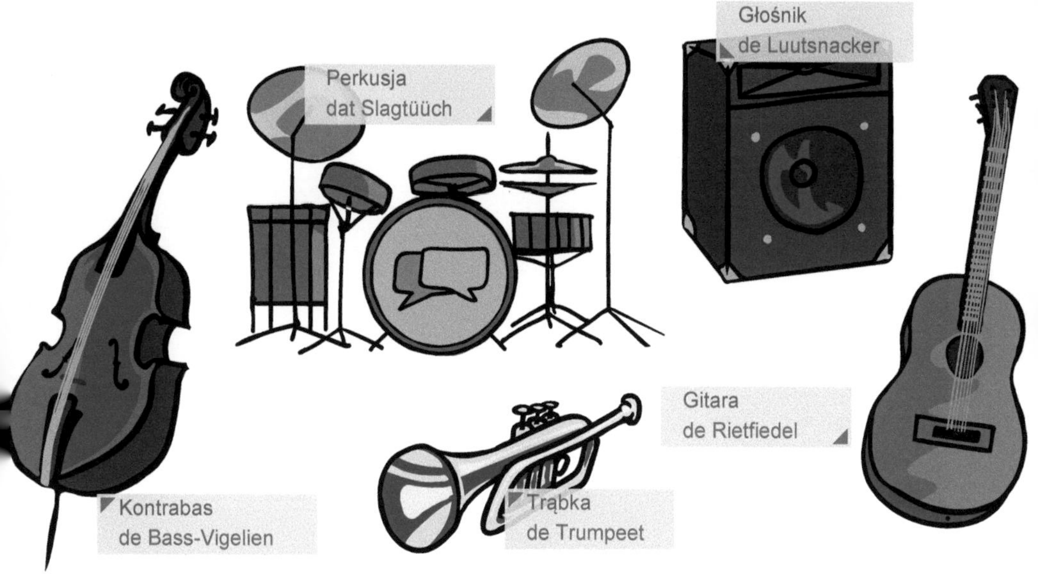

Głośnik
de Luutsnacker

Perkusja
dat Slagtüüch

Gitara
de Rietfiedel

Kontrabas
de Bass-Vigelien

Trąbka
de Trumpeet

Pianino

dat Klaveer

Skrzypce

de Vigelien

Bas

de Bass

Kotły

de Pauk

Bęben

de Trummeln

Keyboard

dat Keyboard

Saksofon

dat Saxophon

Flet

de Fleut

Mikrofon

dat Mikrofoon

Zoo

de Deertenpark

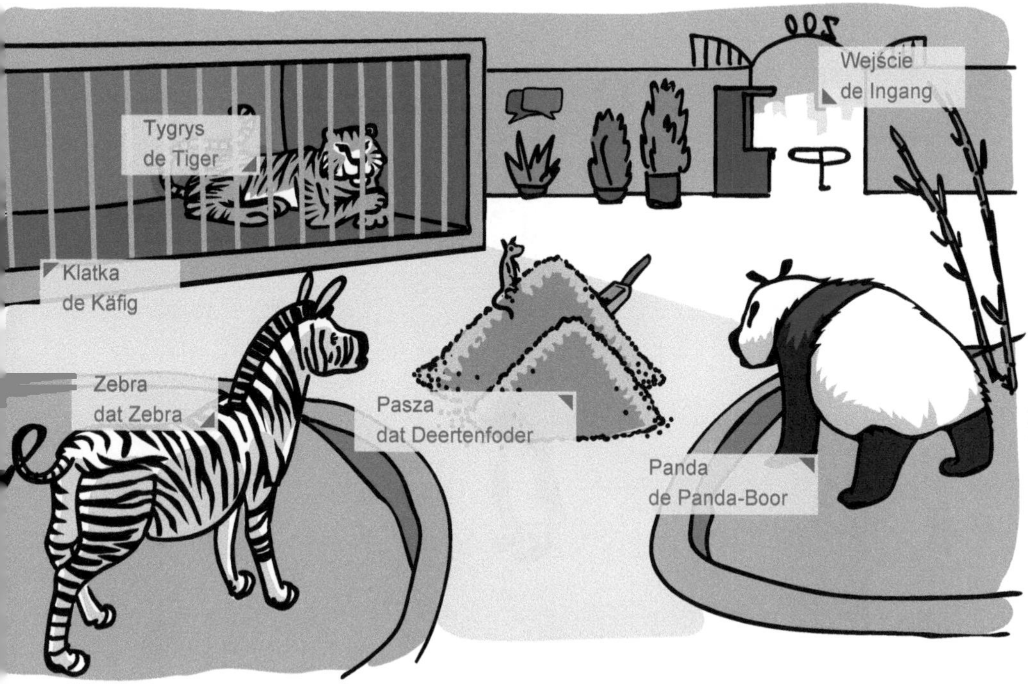
Wejście
de Ingang
Tygrys
de Tiger
Klatka
de Käfig
Zebra
dat Zebra
Pasza
dat Deertenfoder
Panda
de Panda-Boor

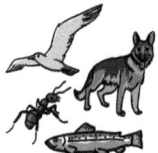

Zwierzęta

de Deerten

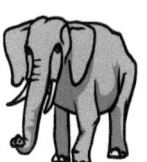

Słoń

de Elefant

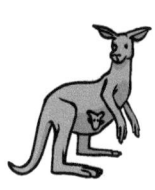

Kangur

dat Känguru

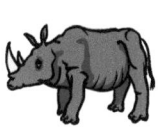

Nosorożec

dat Neeshoorn

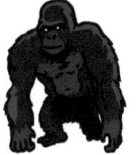

Goryl

de Gorilla

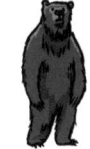

Niedźwiedź

de Boor

Wielbłąd

dat Kameel

Struś

de Struuß

Lew

de Lööv

Małpa

de Aap

Fleming

de Flamingo

Papuga

de Papagoi

Niedźwiedź polarny

de Iesboor

Pingwin

de Pinguin

Rekin

de Haifisch

Paw

de Pageluun

Wąż

de Slang

Krokodyl

dat Krokodil

Dozorca w zoo

de Oppasser in'n
Deertenpark

Foka

de Saalhund

Jaguar

de Jaguor

Kucyk

dat Pony

Gepard

de Leopard

Hipopotam

dat Nilpeerd

Żyrafa

de Giraff

Orzeł

de Aadler

Dzik

dat Wildswien

Ryba

de Fisch

Żółw

de Schildkrööt

Mors

dat Walross

Lis

de Voss

Gazela

de Gazell

Futbol amerykański
de Amerikaansch Football

Kolarstwo
dat Radfohren

Tenis
dat Tennis

Koszykówka
de Korfball

Pływanie
dat Swümmen

Boks
dat Boxen

Hokej na lodzie
dat Ieshockey

Piłka nożna
de Football

Badminton
dat Fedderball

Lekka atletyka
de Leichtathletik

Piłka ręczna
de Handball

Narciarstwo
dat Skilopen

Polo
dat Polo

Działania
de Aktivitäten

śmiać się
lachen
skakać
springen
objąć
ümarmen
iść
gahn
śpiewać
singen
marzyć
drömen
modlić się
beden
całować
snuteln

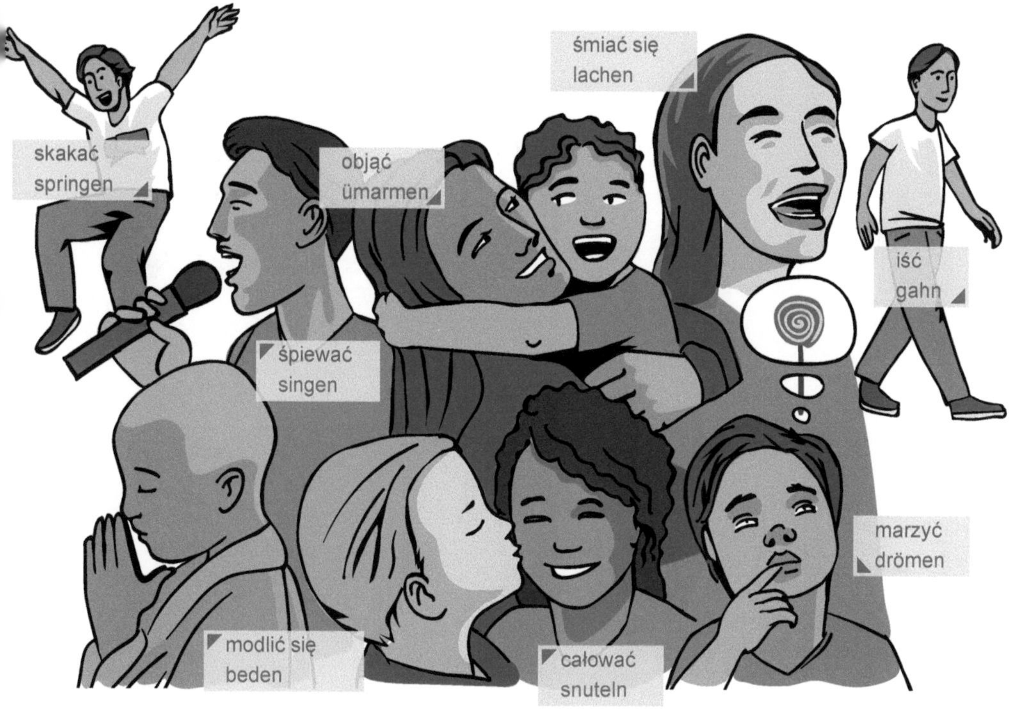

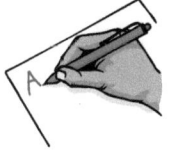

pisać

schrieven

rysować

teken

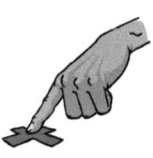

pokazywać

wiesen

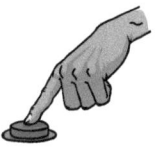

nacisnąć

drücken

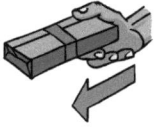

dać

geven

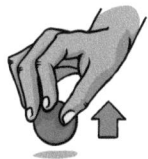

wziąć

nehmen

mieć
hebben

robić
doon

być
sien

stać
stahn

biegać
lopen

ciągnąć
trecken

rzucać
smieten

spaść
fallen

leżeć
liggen

czekać
töven

nosić
dregen

siedzieć
sitten

zakładać
antrecken

spać
slapen

budzić się
opwaken

spojrzeć

ankieken

płakać

wenen

głaskać

eien

czesać się

kämmen

mówić

snacken

rozumieć

verstahn

pytać

fragen

słyszeć

hören

pić

drinken

jeść

eten

sprzątać

oprümen

kochać

leefhebben

gotować

kaken

jechać

fohren

latać

flegen

żeglować

segeln

liczyć

reken

czytać

lesen

uczyć się

lehren

pracować

arbeiden

wejść w związek małżeński

de Plünnen tohoopsmieten

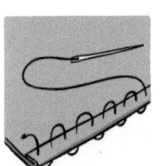

szyć

neihen

myć zęby

Tähnen putzen

zabić

dootmaken

palić tytoń

smöken

wysłać

schicken

Rodzina

de Familje

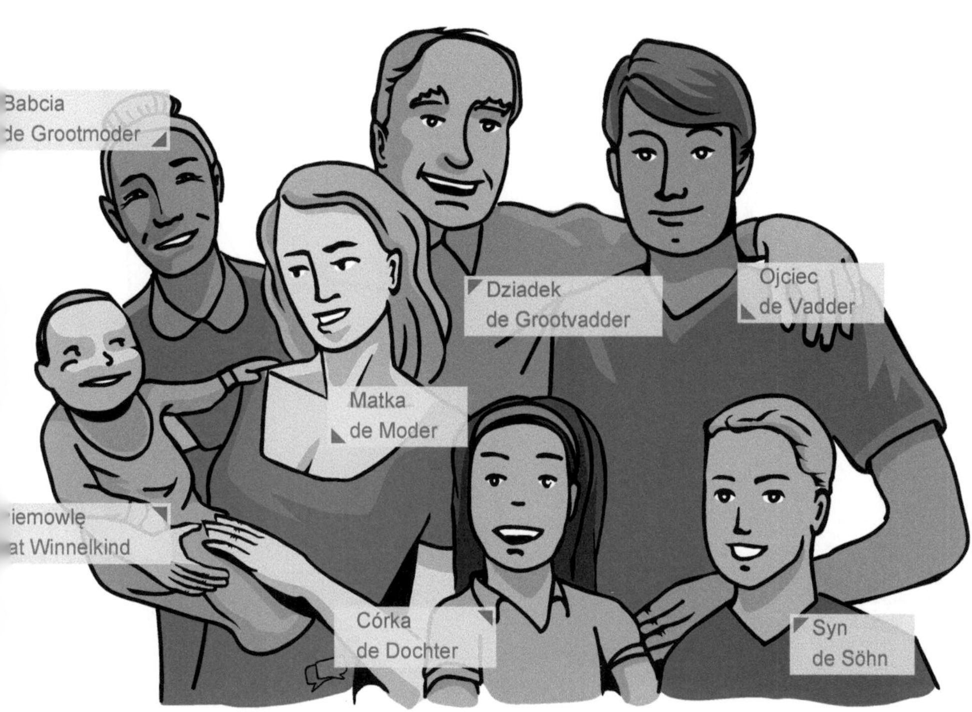
Babcia
de Grootmoder
Dziadek
de Grootvadder
Ojciec
de Vadder
Matka
de Moder
iemowlę
at Winnelkind
Córka
de Dochter
Syn
de Söhn

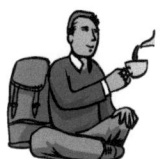

Gość

de Gast

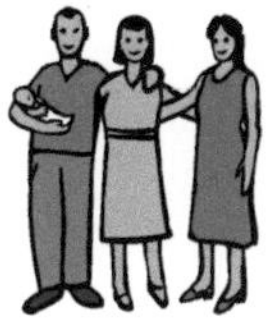

Ciotka

de Tant

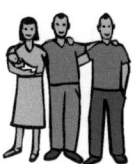

Wujek

de Unkel

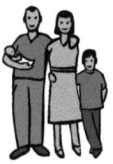

Brat

de Broder

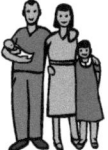

Siostra

de Süster

Ciało

de Lief

Czoło
de Vörkopp
Oko
dat Oog
Ramię
de Schuller
Palec
de Finger
Twarz
dat Gesicht
Broda
dat Kinn
Ręka
de Hand
Noga
dat Been
Pierś
de Bost
Ramię
de Arm

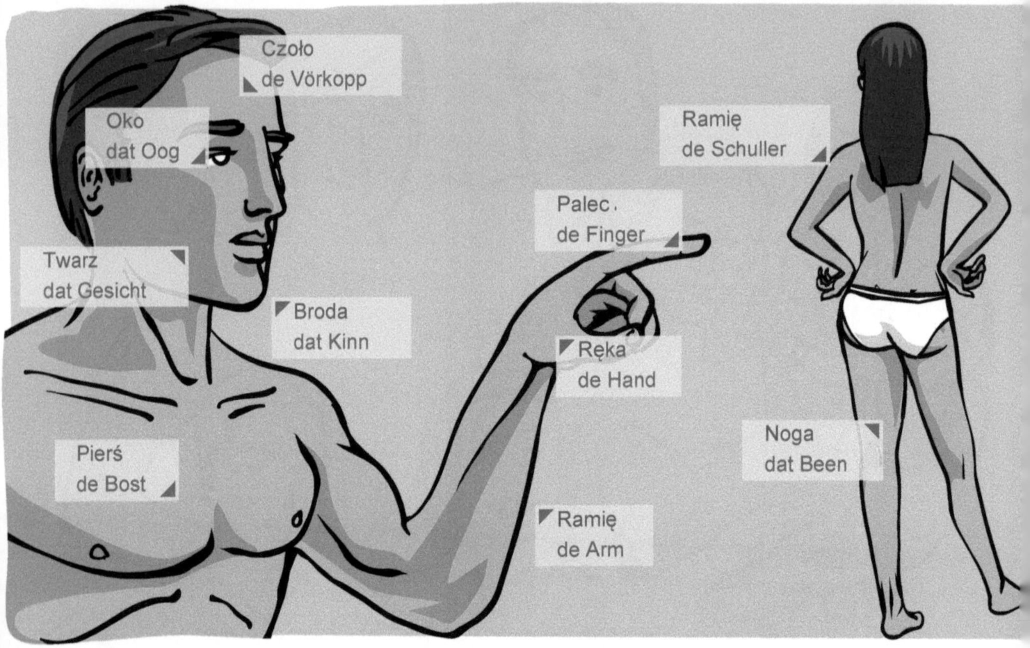

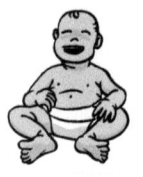

Niemowlę

dat Winnelkind

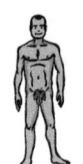

Mężczyzna

de Mann

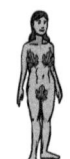

Kobieta

de Fro

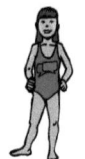

Dziewczyna

de Deern

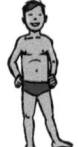

Chłopiec

de Jung

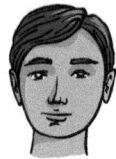

Głowa

de Arm

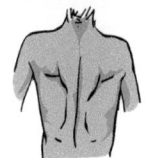

Plecy

de Rüch

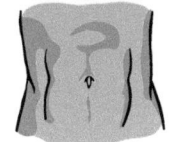

Brzuch

de Buuk

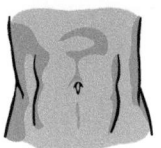

Pępek

de Navel

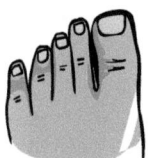

palec nogi

de Teh

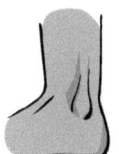

Pięta

de Hack

Kość

de Knaken

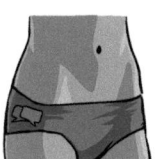

Biodro

de Hüft

Kolano

dat Knee

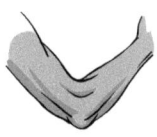

Łokieć

de Ellbagen

Nos

de Nees

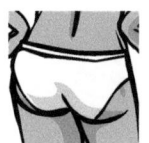

Pośladki

de Achtersen

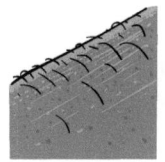

Skóra

de Huut

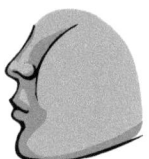

Policzek

de Back

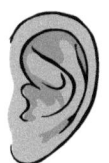

Uszy

dat Ohr

Warga

de Lipp

Usta

de Mund

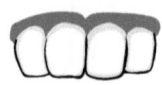

Ząb

de Tähn

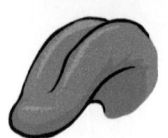

Język

de Tung

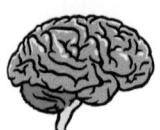

Mózg

de Bregen

Serce

dat Hart

Mięsień

de Muskel

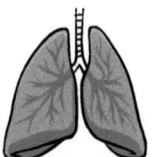

Płuca

de Lung

Wątroba

de Lever

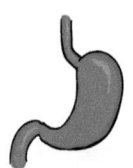

Żołądek

de Maag

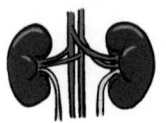

Nerki

de Neren

Stosunek płciowy

de Bislaap

Kondom

dat Kondoom

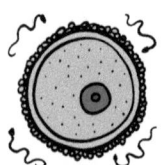

Komórka jajowa

de Eizell

Sperma

dat Sperma

Ciąża

de Anner Ümstänn

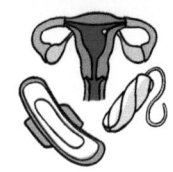

Menstruacja

de Menstruatschoon

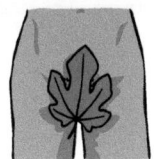

Wagina

de Scheed

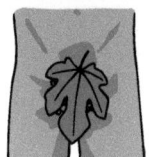

Penis

de Pint

Brew

de Ogenbroe

Włosy

dat Hoor

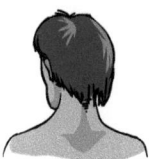

Szyja

de Hals

Szpital
dat Krankenhuus

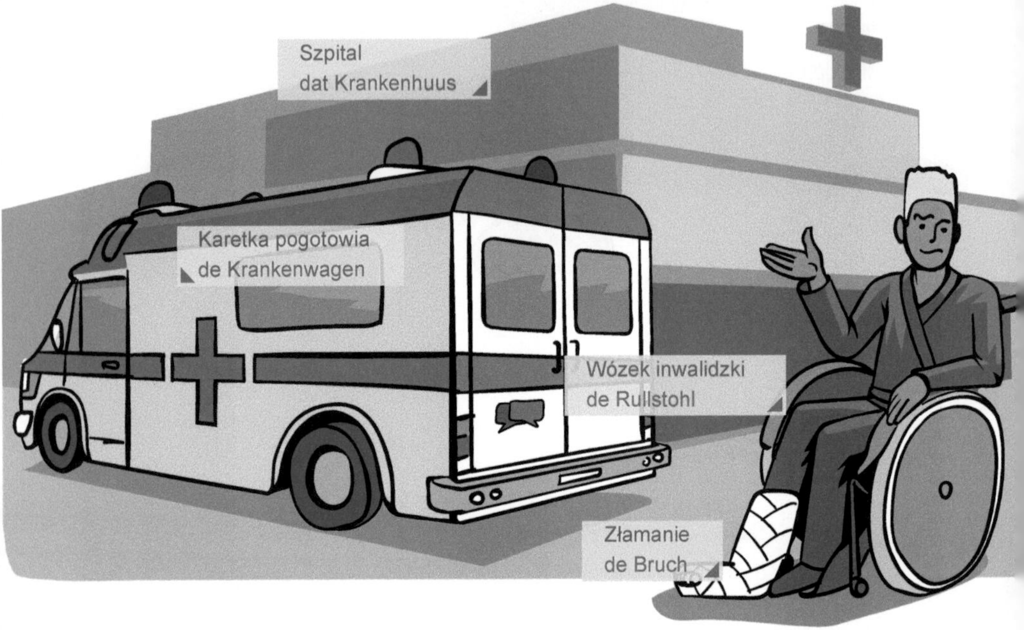

Szpital
dat Krankenhuus
Karetka pogotowia
de Krankenwagen
Wózek inwalidzki
de Rullstohl
Złamanie
de Bruch

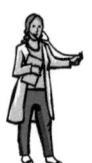

Lekarz

de Dokter

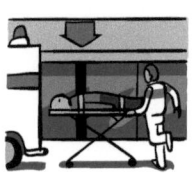

Izba przyjęć

de Nootopnahm

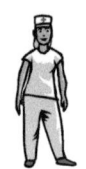

Pielęgniarka

de Krankensüster

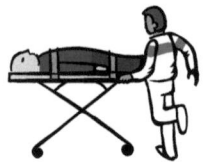

Nagły przypadek

de Nootfall

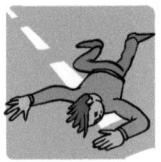

nieprzytomny

ahnmächtig

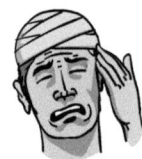

Ból

de Wehdaag

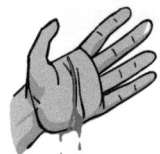

Skaleczenie

de Verwunnen

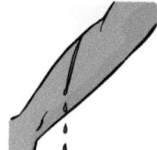

Krwawienie

de Blöden

Zawał serca

de Hartinfarkt

Udar mózgu

de Slaganfall

Alergia

de Allergie

Kaszleć

de Hoosten

Gorączka

dat Fever

Grypa

de Gripp

Biegunka

de Dörchfall

Ból głowy

de Koppwehdaag

Rak

de Kreeft

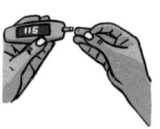

Cukrzyca

de Zuckersüük

Chirurg

de Chirurg

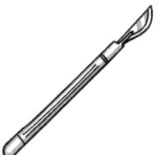

Skalpel

dat Chirurgsch Mess

Operacja

de Operatschoon

CT
dat CT

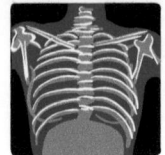

Rentgen
de Dörchlüchten

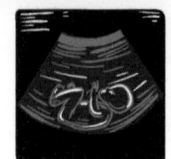

Ultradźwięki
de Ultraschall

Maska
de Mask

Choroba
de Krankheit

Poczekalnia
de Töövruum

Kula
de Krück

Plaster
dat Plaaster

Opatrunek
de Verband

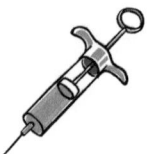

Iniekcja
de Insprutten

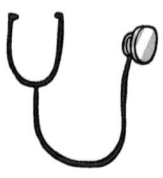

Stetoskop
dat Stethoskop

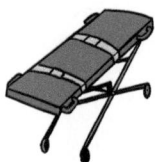

Nosze
de Draag

Termometr
dat Feverthermometer

Poród
de Geboort

Nadwaga
dat Övergewicht

Aparat słuchowy

de Höörapparat

Środek dezynfekcyjny

dat Kiemfriemiddel

Infekcja

de Ansteken

Wirus

de Virus

HIV / AIDS

dat HIV / AIDS

Medycyna

dat Heelmiddel

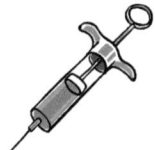

Szczepienie

de Impen

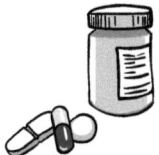

Tabletki

de Tabletten

Pigułka

de Pill

Telefon ratunkowy

de Nootroop

Ciśnieniomierz krwi

de Blootdruck-Meter

chory / zdrowy

krank / gesund

Pomocy!

Hölp!

Alarm

de Alarm

Napad

de Överfall

Atak

de Angreep

Niebezpieczeństwo

de Gefohr

Wyjście awaryjne

de Nootutgang

Pożar!

dat Füer!

Gaśnica

de Füerlöscher

Wypadek

de Unfall

Walizeczka pierwszej pomocy

de Noothölpkoffer

SOS

SOS

Policja

de Polizei

Europa

Europa

Ameryka Północna

Noordamerika

Ameryka Południowa

Süüdamerika

Afryka

Afrika

Azja

Asien

Australia

Australien

Atlantyk

de Atlantik

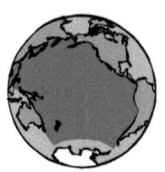

Pacyfik

de Pazifik

Ocean Indyjski

dat Indisch Weltmeer

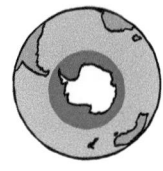

Ocean Antarktyczny

dat Antarktisch Weltmeer

Ocean Arktyczny

dat Arktisch Weltmeer

Biegun północny

de Noordpol

Biegun południowy

de Süüdpol

Antarktyda

de Antarktis

Ziemia

de Eerd

Kraj

dat Land

Morze

de See

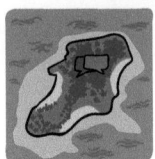

Wyspa

dat Eiland

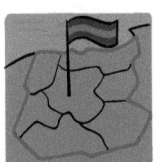

Naród

de Natschoon

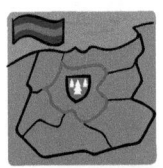

Państwo

de Staat

Cyferblat

dat Tallenblatt

Wskazówka godzinowa

de Stunnenwieser

Wskazówka minutowa

de Minutenwieser

Wskazówka sekundowa

de Sekunnenwieser

Która godzina?

Wo laat is dat?

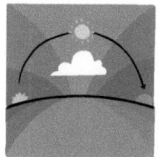

Dzień

de Dag

Czas

de Tiet

teraz

nu

Zegarek digitalny

de digetaalsch Klock

Minuta

de Minuut

Godzina

de Stunn

Tydzień
de Week

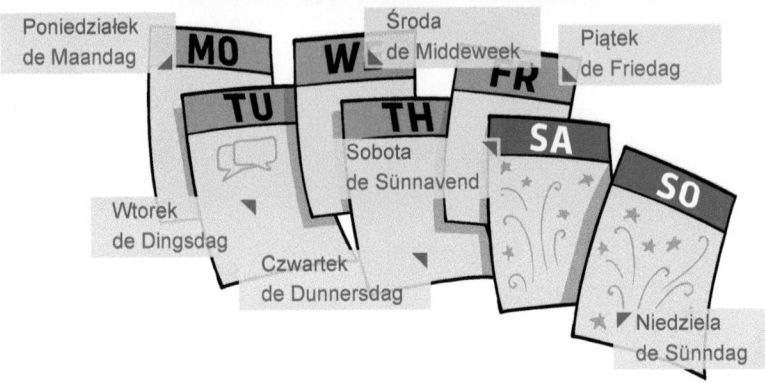

Poniedziałek
de Maandag

Środa
de Middeweek

Piątek
de Friedag

Wtorek
de Dingsdag

Sobota
de Sünnavend

Czwartek
de Dunnersdag

Niedziela
de Sünndag

wczoraj

güstern

dzisiaj

hüüt

jutro

morgen

Rano

de Morgen

Południe

de Meddag

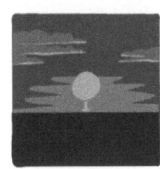

Wieczór

de Avend

MO	TU	WE	TH	FR	SA	SU
1	2	3	4	5	6	7
8	9	10	11	12	13	14
15	16	17	18	19	20	21
22	23	24	25	26	27	28
29	30	31	1	2	3	4

Dni robocze

de Arbeitsdaag

MO	TU	WE	TH	FR	SA	SU
1	2	3	4	5	6	7
8	9	10	11	12	13	14
15	16	17	18	19	20	21
22	23	24	25	26	27	28
29	30	31	1	2	3	4

Weekend

dat Wekenenn

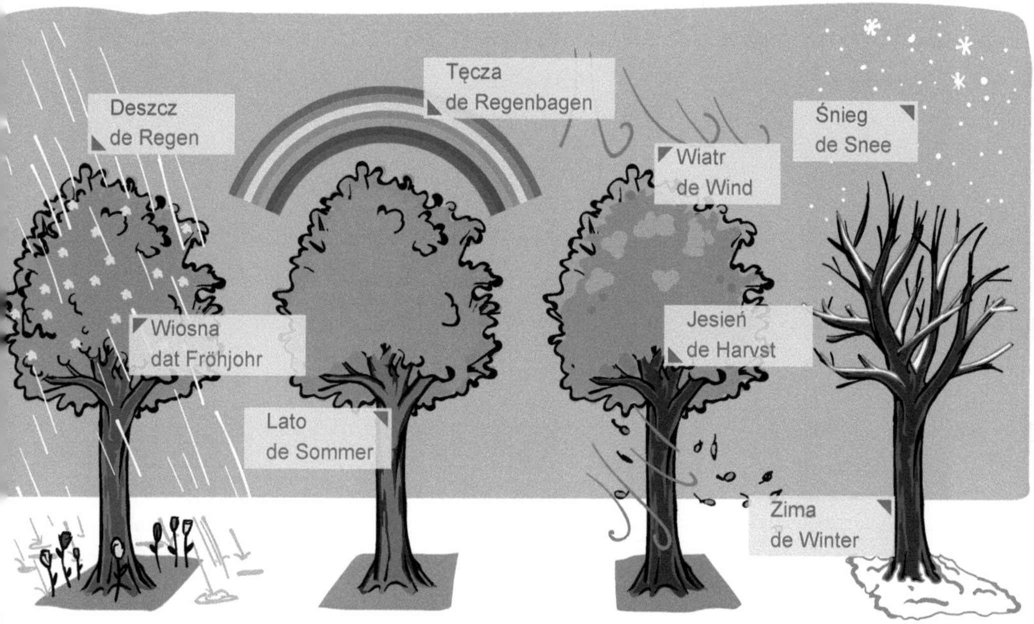

Deszcz
de Regen

Tęcza
de Regenbagen

Wiatr
de Wind

Śnieg
de Snee

Wiosna
dat Fröhjohr

Jesień
de Harvst

Lato
de Sommer

Zima
de Winter

	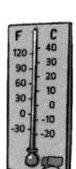	
Prognoza pogody	Termometr	Światło słoneczne
de Wedervörhersaag	dat Thermometer	de Sünnenschien

Chmura	Mgła	Wilgotność powietrza
de Wulk	de Nevel	de Luftfuchtigkeit

4.APRIL	11°	
5.APRIL	4°	
6.APRIL	13°	
7.APRIL	8°	
8.APRIL	10°	

Błyskawica
de Blitz

Grzmot
de Dunner

Sztorm
de Storm

Grad
de Hagel

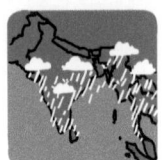

Monsun
de Monsun

Potop
de Floot

Lód
dat Ies

Styczeń
de Januormaand

Luty
de Februormaand

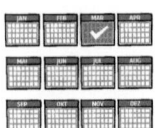

Marzec
de Martmaand

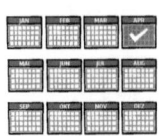

Kwiecień
de Aprilmaand

Maj
de Maimaand

Czerwiec
de Junimaand

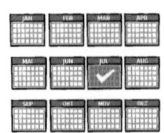

Lipiec
de Julimaand

Sierpień
de Augustmaand

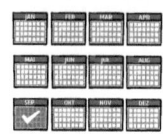

Wrzesień
....
de Septembermaand

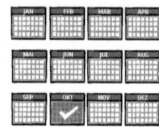

Październik
....
de Oktobermaand

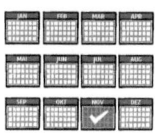

Listopad
....
de Novembermaand

Grudzień
....
de Dezembermaand

Kształty
de Formen

Koło
....
de Krink

Kwadrat
....
dat Quadrat

Prostokąt
....
dat Rechteck

Trójkąt
....
dat Dreeeck

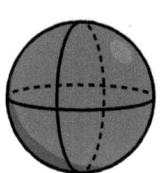

Kula
....
de Kugel

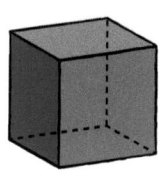

Sześcian
....
de Wörpel

Kolory

de Farven

biały

witt

żółty

geel

pomarańczowy

orangsch

różowy

pink

czerwony

root

liliowy

lila

niebieski

blau

zielony

gröön

brązowy

bruun

szary

gries

czarny

swart

dużo / mało
....
veel / wenig

wściekły / spokojny
....
böös / verdreeglich

piękny / brzydki
....
smuck / mies

początek / koniec
....
de Begünn / dat Enn

duży / mały
....
groot / lütt

jasny / ciemny
....
hell / düüster

brat / siostra
....
de Broder / de Süster

czysty / brudny
....
schier / schietig

kompletny / niekompletny
....
kumpleet / nich kumpleet

dzień / noc
....
de Dag / de Nacht

umarły / żywy
....
doot / lebennig

szeroki / wąski
....
breet / small

jadalny / niejadalny

geneetbor / nich geneetbor

zły / uprzejmy

böös / fründlich

podniecony / znudzony

fickerig / langwielt

gruby / chudy

dick / dünn

najpierw / na końcu

toeerst / toletzt

przyjaciel / wróg

de Fründ / de Fiend

pełen / pusty

vull / leddig

twardy / miękki

hart / week

ciężki / lekki

swoor / licht

głód / pragnienie

de Smacht / de Döst

chory / zdrowy

krank / gesund

nielegalny / legalny

nich na't Recht / na't Recht

inteligentny / głupi

klook / dummerhaftig

lewo / prawo

linkerhand / rechterhand

bliski / daleki

neeg / feern

nowy / używany

nieg / bruukt

nic / coś

nix / wat

stary / młody

oolt / jung

włącz / wyłącz

an / ut

otwarty / zamknięty

apen / slaten

cichy / głośny

lies / luut

bogaty / biedny

riek / arm

prawidłowy / błędny

richtig / verkehrt

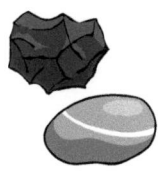

chropowaty / gładki

ruug / glatt

smutny / szczęśliwy

trurig / glücklich

krótki / długi

kort / lang

powolny / szybki

suutje / flink

mokry/suchy

natt / dröög

ciepły / chłodny

warm / köhl

wojna / pokój

de Krieg / de Freden

0	**1**	**2**
zero	jeden	dwa
null	een	twee

3	**4**	**5**
trzy	cztery	pięć
dree	veer	fief

6	**7**	**8**
sześć	siedem	osiem
söss	söven	acht

9	**10**	**11**
dziewięć	dziesięć	jedenaście
negen	teihn	ölven

12	**13**	**14**
dwanaście	trzynaście	czternaście
twölf	dörteihn	veerteihn
15	**16**	**17**
piętnaście	szesnaście	siedemnaście
föffteihn	sössteihn	söventeihn
18	**19**	**20**
osiemnaście	dziewiętnaście	dwadzieścia
achtteihn	negenteihn	twintig
100	**1.000**	**1.000.000**
sto	tysiąc	milion
hunnert	dusend	million

Angielski

dat Engelsch

Angielski amerykański

dat Amerikaansch Engelsch

Chiński mandaryński

dat Chineesch Mandarin

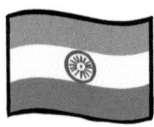

Hindi

dat Hindi

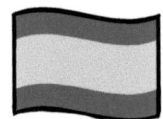

Hiszpański

dat Spaansch

Francuski

dat Franzöösch

Arabski

dat Araabsch

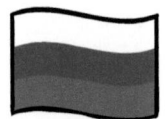

Rosyjski

dat Rusch

Portugalski

dat Portugiesch

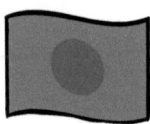

Bengalski

dat Bengaalsch

Niemiecki

dat Düütsch

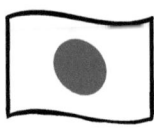

Japoński

dat Japaansch

ja
ik

ty
du

on / ona / ono
he / se / dat

my
wi

wy
ji

oni
se

kto?
keen?

co?
wat?

jak?
woans?

gdzie?
woneem?

kiedy?
wannehr?

Nazwisko
de Naam

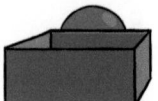

za

achter

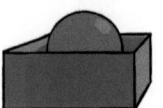

w

in

przed

vör

powyżej

över

na

op

pod

ünner

obok

blangen

między

twüschen

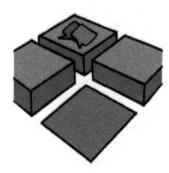

Miejsce

de Oort